AF308429

Leo

Nachhaltig leben

Christian Nosko, Jennifer Dachauer, Susanne Jaklin-Farcher, Katrin Reiter, Anja Lembens

Mit Zeichnungen von Reinhart Sellner

Bibliografische Information der Deutschen Nationalbibliothek:
Die Deutsche Nationalbibliothek verzeichnet diese Publikation in der Deutschen Nationalbibliografie; detaillierte bibliografische Daten sind im Internet über http://dnb.dnb.de abrufbar.

Lektorat: Ulrike Fajtak

Weitere Materialien zum Buch: https://aeccc.univie.ac.at

Verlag: BoD · Books on Demand GmbH, Überseering 33, 22297 Hamburg, bod@bod.de

Druck: Libri Plureos GmbH, Friedensallee 273, 22763 Hamburg

ISBN: 978-3-8192-2619-9

Liebe neugierige Leserin,
lieber neugieriger Leser!

Nachhaltig leben steht auf dem Bucheinband. Vielleicht hast du schon einmal das Wort Nachhaltigkeit gehört: Es bedeutet, mit den Rohstoffen unserer Erde – zum Beispiel Wasser oder Bäumen – so sorgsam umzugehen, dass es auch in der Zukunft für kommende Generationen noch genug gibt. Aber Nachhaltigkeit bedeutet noch mehr: Es soll allen Menschen auf der Welt ein gutes Leben in Frieden ermöglicht werden. Wir alle können versuchen, nachhaltig zu leben: Etwa durch unsere Ernährung, unser Einkaufsverhalten und auch, wie wir uns fortbewegen. Die Naturwissenschaften, wie die Chemie, können uns dabei helfen, dieses Ziel zu erreichen.

In den Geschichten um Leo erlebst du Situationen, in denen nachhaltiges Handeln auf vielfältige Art möglich ist. Nach jeder Geschichte gibt es ein paar Ideen, was neugierige Leserinnen und Leser nun tun könnten. Wer möchte, kann das Buch allein lesen. Oft ist es aber besser, die Geschichten rund um Leo in der Schule gemeinsam zu lesen.

Unter https://aeccc.univie.ac.at gibt es Materialien, in denen Lehrerinnen und Lehrer viele weitere Ideen für den Unterricht finden. Dann wird es manchmal möglich sein, wie eine Forscherin oder ein Forscher über Fragen zu grübeln, mit Mitschülerinnen und Mitschülern zu diskutieren oder auch Versuche durchzuführen. Viel Freude und spannende Stunden mit den Geschichten wünschen

Christian Nosko, Jennifer Dachauer, Susanne Jaklin-Farcher, Katrin Reiter und Anja Lembens

Inhaltsverzeichnis

1. Zurück aus den Ferien

Das ist Leonie, aber alle nennen
sie Leo. Leo ist sportlich: Am
liebsten fährt sie Skateboard
und spielt Fußball. Leo hat sogar
ein eigenes Skateboard. Leo
liest gerne Geschichten über
Forscherinnen und Forscher und
ist eine gute Beobachterin.
Deshalb stellt Leo oft auch viele
Fragen, was ihre Eltern
manchmal ganz schön nervt.
Leo wohnt mit ihren Eltern und
ihrem kleinen Bruder Max in
einer Wohnanlage.

Leo geht gemeinsam mit ihrem besten Freund Julian in die
4. Klasse der Volksschule. Die Schule liegt gleich in der Nähe ihrer
Wohnung. Es ist ein großes Gebäude mit zwei Stockwerken und
einem Garten. Dort dürfen die Kinder bei schönem Wetter die
große Pause verbringen. Leo spielt gerne Ball oder Fangen mit
Julian und Sebastian. Manchmal geht Frau Schmied, die
Klassenlehrerin, auch im Sachunterricht mit den Kindern in den
Garten. Dann untersuchen sie Bäume und andere Pflanzen oder

machen Versuche, die im Klassenraum zu viel Schmutz machen würden. Das macht Leo viel Freude.

Manche von euch kennen Leo schon von ihrem ersten Geschichtenband – *Saures und Basisches in unserem Alltag*. Bestimmt habt ihr auch über das Erlebnis mit dem Zauberer, Papas Umbauarbeiten in der Wohnung oder das Gartenfest gelesen. Dann wisst ihr auch, was Leo im Sommer gemacht hat. Sie war mit ihrem Bruder Max auf dem Bauernhof der Familie Eder, am See und im Garten von Tante Claudia.

Aber jetzt ist der Sommer vorbei und die Schule hat wieder begonnen. Es ist ein ungewöhnlich warmer September, die Sonne scheint und die Schwimmbäder haben noch geöffnet. In diesem Geschichtenband begleiten wir Leo an einem ihrer ersten Schultage in der 4. Klasse der Volksschule.

2. Guten Morgen

„Guten Morgen", ruft Leos Papa. Meist muss Papa sie mehrmals wecken, aber heute springt Leo sofort aus ihrem Bett. Leo möchte unbedingt pünktlich in der Schule sein. Ihre Lehrerin, Frau Schmied, hat heute für die ganze Klasse einen Workshop für Mathematik an der Universität gebucht. Leo mag spannende Fragestellungen zum Rätseln und Rechnen. Und dann noch an der Universität – wie aufregend!

Leo schaut auf das Thermometer bei dem Fenster: „Oh, schon so warm – das hätte ich nicht gedacht."

Möchtest du wissen, was Leo jetzt macht? Dann lies hier weiter.

Leo hat bei dem Fenster in ihrem Zimmer eine kleine Wetterstation stehen. Diese haben ihr Leos Eltern zum Geburtstag geschenkt. Die Wetterstation ist schwarz und sieht beinahe aus wie ein kleines TV-Gerät. Darauf sind jede Menge Zahlen und Symbole zu sehen. Das Thermometer zeigt jetzt schon über 25 °C an. Das ist ziemlich warm. Auch soll es den ganzen Tag über sonnig bleiben.

Leo überlegt, was sie anziehen soll. Besonders gerne trägt sie ihr gestreiftes T-Shirt aus Baumwolle, weil sich der Stoff so angenehm anfühlt. Außerdem liebt Leo die blauen und weißen

Streifen. Larissa aus Leos Klasse macht sich darüber oft lustig. Sie findet, dass das T-Shirt unmodern und absolut uncool ist. Larissa trägt nämlich immer neue Markenkleidung und gibt furchtbar damit an. So wie gestern, da hat sie ein knallgelbes T-Shirt mit aufgenähten Glitzersteinen angehabt. Bestimmt war das T-Shirt sehr teuer.

Leo sucht ihre Lieblingshose, die am Knie geflickt ist. Damit die Hose dennoch hübsch aussieht, hat Mama an dieser Stelle einen Aufnäher angebracht. Der bunte Dino am Knie macht die Hose einzigartig. Leo sieht im Kasten nach – die Hose ist nicht da. Sie sucht unter dem Bett – keine Hose. „Mama, wo ist meine Hose?“, ruft Leo. Mama sagt: „Die Hose ist am Wäscheständer und noch nicht trocken. Außerdem ist es viel zu heiß für Jeans.“ Stimmt, die lange Hose ist heute sicher keine gute Idee. Leo nimmt sich eine kurze Hose aus dem Kasten und zieht sie an. Socken sind bei der Temperatur bestimmt auch nicht nötig.

Was du nun tun kannst

- ✓ Bearbeite gemeinsam mit deinen Mitschülerinnen und Mitschülern die Karten zu dieser Geschichte. Deine Lehrerin / dein Lehrer kann dir dabei helfen.
- ✓ Frage mindestens drei Menschen: „Welches Wetter hast du am liebsten? Warum?"
- ✓ Leo hat bei dem Fenster in ihrem Zimmer eine kleine Wetterstation stehen. Woher weißt du zu Hause, wie warm es gerade ist?
- ✓ Überlege, wie die Geschichte anders weitergehen könnte: Leo sieht in der Früh auf das Thermometer in ihrem Zimmer. Aber was ist da los? Der Bildschirm ist ja ganz dunkel.
- ✓ Kreativaufgabe: Zeichne das Wetter oder die Anzeige deiner Wetterstation für die nächsten drei Tage.

3. In der Küche

Fertig angezogen läuft Leo in die Küche. Mama und Papa haben das Frühstück schon vorbereitet. Leo trinkt ein Glas Milch und isst dazu eine Semmel mit Marmelade. Kater Sepp schleicht langsam in die Küche. Nach einem Blick in die Futterschüssel kommt er zu Leo und sieht sie hungrig an. Leo weiß, was jetzt gleich kommt: Sepp möchte auf den Tisch springen, und Papa sagt ganz streng: „Nein!" Meist verkriecht sich Sepp dann im Wohnzimmer, aber manchmal springt er trotzdem auf den Tisch.

Möchtest du wissen, was in der Küche weiter passiert? Dann lies hier weiter.

Papas *Nein* zeigt heute Wirkung: Sepp dreht sich um und verlässt die Küche. Leo nimmt einen Schluck Milch und überlegt angestrengt, was sie in die Schule mitnehmen soll.

Frau Schmied, die Klassenlehrerin, hat nämlich heute etwas Besonderes mit ihrer 4. Klasse vor: Einen Workshop an der Universität. Deshalb hat sie gestern ein paar wichtige Dinge für heute erklärt: Alle Kinder sollen selbst eine Jause und genug zu trinken mitnehmen. Frau Schmied hat betont, dass sie auf gar keinen Fall Getränkedosen sehen möchte. „Das sagt sie immer", hat Matteo dann geflüstert. Frau Schmied hat weiter erklärt, dass Trinkflaschen viel besser wären. Diese könnten die Kinder an der Universität wieder mit Leitungswasser füllen. Regenschutz ist nicht nötig – laut Wetterbericht wird es sonnig. Deswegen wäre eine Kappe für den Weg gut. Außerdem hat Frau Schmied gesagt, dass jedes Kind die eigenen T-Shirts im Kasten zählen soll. Was für eine seltsame Aufgabe!

Leo nimmt heute keine Schultasche mit, sondern ihren Rucksack. Leo mag ihren Rucksack: Er ist so schön orange, und ein großes „L" ist darauf zu sehen. Auf der Seite ist eine Halterung für die Trinkflasche angebracht, die wie ein Netz aussieht. Der Rucksack ist zwar nicht sehr groß, aber für die Jause ist genug Platz. Leo isst keine Wurst, jedoch liebt sie Käse. Deshalb hat Mama bereits eine Käsesemmel vorbereitet und in die Jausenbox gelegt. Leo hätte auch gerne Schokolade mitgenommen, aber Mama hat gesagt: „Bei den Temperaturen ist das keine gute Idee, Leo." Leo stopft heimlich ein paar bunte Gummitiere in ihre Jausenbox zu der Semmel. Papa sagt immer, man soll sich abwechslungsreich

ernähren. Ob er das so gemeint hat? Mama schaut in Leos
Rucksack und steckt noch einen Apfel hinein. Sie überlegt: „Was
fehlt denn noch?" Ach ja, die rote Trinkflasche. Mama füllt die
Flasche voll mit Leitungswasser und stellt sie in die Halterung am
Rucksack.

Was du nun tun kannst

- ✓ Bearbeite gemeinsam mit deinen Mitschülerinnen und Mitschülern die Karten zu dieser Geschichte. Deine Lehrerin / dein Lehrer kann dir dabei helfen.
- ✓ Frage mindestens drei Menschen: „Mit welcher Tasche bist du gerne unterwegs? Warum?"
- ✓ Leo hat in ihrem Rucksack eine Jausenbox, eine Trinkflasche, einen Apfel und ein paar Gummitiere. Was würdest du einpacken?
- ✓ Überlege, wie die Geschichte anders weitergehen könnte: In Leos Rucksack sind Trinkflasche und Jause. Als sie den Rucksack auf den Rücken geben möchte, reißt die Halterung der Riemen. Wie könnte die Geschichte nun weitergehen?
- ✓ Kreativaufgabe: Zeichne einen Rucksack, der besonders ist: Er soll dich gegen Wind und Wetter schützen und Platz für viele Dinge bieten.

4. Auf dem Weg zur Universität

Mit ihrem Rucksack macht sich Leo auf den Weg in die Schule. „Puh, es ist wirklich heiß", denkt sich Leo, als sie durch die Straßen geht. „Ich werde Mama fragen, ob wir am Nachmittag ins Schwimmbad fahren können." Im Klassenraum sind schon einige Kinder. Frau Schmied wartet noch ein paar Minuten und gibt dann das bekannte Zeichen – bitte gut zuhören, es geht gleich los.

Möchtest du wissen, wie die Klasse zur Universität kommt? Dann lies hier weiter.

Die Lehrerin zählt die Kinder im Klassenraum: Fein, alle sind da. Obwohl es noch vor acht Uhr ist, gehen sie schon los. Warum? Heute findet in der Stadt eine Klimademo statt. Da versammeln sich viele Menschen und gehen gemeinsam durch die Stadt. Das machen sie, um zu zeigen, dass ihnen das Klima und der Klimaschutz wichtig sind. Die Polizei hat daher manche Straßen gesperrt und vor Staus gewarnt. Wer kann, lässt sein Auto zu Hause stehen und fährt mit dem Fahrrad zur Arbeit. Auch auf dem Radweg vor der Schule sind heute mehr Fahrräder als sonst unterwegs. Einige Menschen sind schon mit Schildern unterwegs, auf denen zu lesen ist: „Stopp Treibhausgase", „There is no Planet B" oder auch „Räder statt Autos". Ein paar ältere

Schülerinnen und Schüler sind mit einem großen Plakat unterwegs, das sie an einem Holzstab befestigt haben: „Lieber Zug als ein Flug" haben sie darauf gemalt.

Die Lehrerin geht mit den Kindern zur Busstation, die nur wenige Meter neben dem Schuleingang ist. Die Lehrerin erklärt, dass sie nun mit dem öffentlichen Bus 85A zur Universität fahren werden. Was für ein Glück, der Bus kommt nach nur einer Minute. Alle Kinder steigen ein, und im Bus wird es richtig voll. Es wird jetzt auch ganz stickig und heiß. Ein Hund liegt am Boden und hechelt stark. Eine Frau hat sogar einen Fächer in der Hand. Wie wild fächelt sie sich Luft zu. Die Klimaanlage ist anscheinend ausgefallen. „Nächste Station Universität" hören die Kinder aus den Lautsprechern im Bus. „Endlich", denken sie sich.

Was du nun tun kannst

- ✓ Bearbeite gemeinsam mit deinen Mitschülerinnen und Mitschülern die Karten zu dieser Geschichte. Deine Lehrerin / dein Lehrer kann dir dabei helfen.
- ✓ Frage mindestens drei Menschen: „In der Geschichte wird eine Klimademo beschrieben. An welcher Demo hast du schon teilgenommen?"
- ✓ Leo geht gerne ins Schwimmbad, wenn es heiß ist. Was machst du gerne, wenn es sehr warm ist?
- ✓ Mit dem Auto, mit dem Bus oder zu Fuß in die Schule? Ein paar Kinder diskutieren über die jeweiligen Vor- und Nachteile. Was sagst du dazu?
- ✓ Kreativaufgabe: Zeichne ein Plakat für eine Demo. Erfinde dazu auch einen guten Spruch.

5. Im Park

Bei der Universität steigt die Klasse aus dem Bus. Die Lehrerin sammelt die Kinder vor sich und zählt wieder: Alle sind da. Sie schaut auf ihre Armbanduhr und merkt, dass sie noch 20 Minuten Zeit haben.

Zum Glück ist neben der Universität ein Park. Dort können sie gut warten.

Möchtest du wissen, was im Park passiert? Dann lies hier weiter.

Im Park gibt es ein paar Spielgeräte, einen Fußballplatz und überall Bänke entlang der Wege. Auch eine große Wiese mit vielen Bäumen gibt es hier.

Leo bemerkt, dass die Autos auf der nahegelegenen Straße kaum zu hören sind. Nur wenige Menschen sind mit Fahrrädern und Scootern auf den Wegen durch den Park unterwegs. Ein paar Kinder aus Leos Klasse spielen Fußball oder klettern auf den Spielgeräten. Die meisten Kinder sitzen im Schatten der großen Bäume im Gras und warten. Wie angenehm kühl es hier ist! Was Leo stört, sind die leeren Flaschen und Chipstüten am Boden. „Seltsam", denkt sich Leo, „wissen die Menschen nicht, dass es Mistkübel gibt?"

Im Park wird am Nachmittag ein Fest gefeiert. Deshalb werden gerade die Hütten für Essen und Getränke eingeräumt. In einem Teil des Parks werden von einem Sportverein verschiedene Stationen vorbereitet: Jonglieren, Hindernislauf, Einradfahren und vieles mehr ist dabei. Es gibt auch eine Station, bei der Fahrräder repariert werden. Jede Menge Werkzeug liegt hier auf den Tischen.

Ein Flohmarkt wird entlang der Wege aufgebaut. Das wollen Leo und Julian sich näher anschauen, sie haben ja noch ein paar Minuten Zeit. Menschen nehmen Kleidungsstücke, Bücher und Spielsachen aus Kisten und legen sie auf die Tische. Sogar elektronische Geräte gibt es hier: Smartphones, Spielekonsolen und Tablets liegen in einer Kiste. Oh, wie toll! Eine Frau hat auch ein Einhorn auf ihren Tisch gelegt. Natürlich kein echtes, sondern ein Stofftier – das hätte Leo gerne. Eine Frau mit einer grünen Schürze steht hinter einem Tisch mit vielen Marmeladengläsern. Gerade stellt sie Gläser mit der Aufschrift „Aufstrich aus gerettetem Gemüse" auf den Tisch. „Seltsam, gibt es auch eine Rettung für Gemüse?", wundert sich Leo. Auf einem anderen Tisch gibt es Taschen aus alten Jeans und LKW-Planen.

Was du nun tun kannst

- ✓ Bearbeite gemeinsam mit deinen Mitschülerinnen und Mitschülern die Karten zu dieser Geschichte. Deine Lehrerin / dein Lehrer kann dir dabei helfen.
- ✓ Frage mindestens drei Menschen: „Wo hältst du dich im Park am liebsten auf? Warum?"
- ✓ Leo und die anderen Kinder sitzen im Park unter einem schattigen Baum. Was machst du am liebsten im Park?
- ✓ Überlege, wie die Geschichte anders weitergehen könnte: Im Park verteilen junge Menschen mit bunten T-Shirts gratis Getränkedosen. Das ist die Werbung eines großen Getränkeherstellers. Viele Erwachsene und Kinder holen sich dort eine Dose, trinken sie aus ... und einige der leeren Dosen landen im Gras.
- ✓ Kreativaufgabe: Wie sollte ein Park für Kinder gestaltet sein? Zeichne einen Plan.

6. Jede Menge T-Shirts

Etwas später sammelt die Lehrerin die Kinder beim Ausgang des Parks und zählt sie wieder. „… 23, 24, wunderbar – alle sind da", sagt Frau Schmied. Dann gehen sie das kurze Stück zum Eingang der Universität. Dort warten schon eine Frau und ein Mann auf sie, die mit ihnen den Vormittag verbringen werden.

Möchtest du wissen, wie der Workshop an der Universität beginnt? Dann lies hier weiter.

Das sind Sofia und Goran, die den Workshop leiten werden. Leo muss schmunzeln: Auf dem T-Shirt von Sofia ist ein Bild eines Fahrrads. Papa hat genau so ein Rad, es ist ein Rennrad. Damit ist er sogar schneller als Mama auf ihrem E-Bike. Sofia und Goran studieren Mathematik und werden bald selbst in einer Schule unterrichten.

Leos Mama hat Chemie an der Uni, so nennt sie die Universität, studiert. Das war aber eine andere Uni, wo es auch einige Labors gab. Jetzt arbeitet Leos Mama als Chemikerin in einem großen Unternehmen.

Die Universität besteht aus sehr vielen, ganz unterschiedlichen Gebäuden. Manche sind schon sehr alt, haben Säulen beim Eingang und hohe Türen. Andere wurden erst vor kurzer Zeit gebaut, sehen aus wie Wohnhäuser und haben lange Gänge mit vielen Türen. Wie viele Stufen es in der Uni gibt! In dem Gebäude ist es richtig kühl. Die Kinder gehen in ein riesiges, altes Gebäude. An den Wänden hängen große Gemälde mit ernst schauenden Menschen: Viele Männer sind zu sehen, aber kaum Frauen. Das findet Leo seltsam.

Der Workshop findet in einem Raum im 1. Stock statt. „Seminarraum 1.17" steht an der Tür. Sofia und Goran haben eine lustige Aufgabe vorbereitet: „Ein Babyelefant wiegt weniger als alle T-Shirts der Kinder aus deiner Klasse. Kann das stimmen?" Das Seltsame an der Aufgabe ist, dass es dabei gar keine Zahlen gibt. Wie man das wohl lösen kann? Sofia sagt, dass solche Aufgaben Fermi-Aufgaben genannt werden. Sie wurden nach

Enrico Fermi, einem berühmten italienischen Physiker, benannt.
Jetzt weiß Leo, warum die Kinder zu Hause die T-Shirts in ihrem
Kasten abzählen sollten. Julian hat viel mehr T-Shirts als Leo
gezählt. Ob das stimmen kann? Zählen dazu auch Shirts mit
Kragen? Shirts mit Kapuze? Sportbekleidung? Ganz schön
interessant, welche Gedanken man sich über T-Shirts und
Kleidung machen kann.

 ## Was du nun tun kannst

- ✓ Bearbeite gemeinsam mit deinen Mitschülerinnen und
  Mitschülern die Karten zu dieser Geschichte. Deine
  Lehrerin / dein Lehrer kann dir dabei helfen.
- ✓ Frage mindestens drei Menschen: „T-Shirt, Hemd oder
  Bluse – was trägst du am liebsten? Warum?
- ✓ Leo trägt am liebsten eine Hose, die am Knie schon geflickt
  ist. Welche Hose trägst du am liebsten?
- ✓ T-Shirts neu oder gebraucht kaufen? Ein paar Kinder
  diskutieren über die jeweiligen Vor- und Nachteile. Was
  sagst du dazu?
- ✓ Kreativaufgabe: Durch Upcycling werten viele Menschen
  ihre alte Kleidung auf, um sie wieder tragen zu können.
  Zeichne, wie du ein altes T-Shirt aufpeppen könntest.

7. Die Pause

Natürlich gibt es auch bei einem Workshop auf der Uni eine Pause. Die verbringen die Kinder vor dem Seminarraum. Hier stehen nebeneinander viele Sessel und ein Sofa mit Tisch. Hier ist es richtig gemütlich.

Möchtest du wissen, wie die Kinder die Pause verbringen? Dann lies hier weiter.

Ein paar Kinder sitzen auf dem Sofa, die anderen auf Sesseln vor dem Seminarraum. Manche Kinder wundern sich über die Sessel: Sie sind unter der Sitzfläche durch Metallschienen miteinander verbunden. Dadurch lassen sich die Sessel nicht verschieben. Die Kinder trinken aus ihren mitgebrachten Flaschen und essen ihre Jause. Käsebrot, Wurstsemmel, Butterbrot, Weckerl mit Hummus und noch viel mehr – wie unterschiedlich die Jause doch sein kann! Li hat ein Butterbrot mit Radieschen in seiner Jausenbox und Ayse eine Semmel mit Aufstrich. Ayse liebt Radieschen und Li hat Semmeln viel lieber als Brot. Daher tauschen die beiden und essen zufrieden ihre neue Jause. Larissa hat gestern ihre Jausenbox mit dem Einhorn in der Schule vergessen. Daher hat ihre Mama die Jause in ein kleines Papiersackerl gegeben. Leo hat ihre Semmel mit Käse und den Apfel aufgegessen. Die Gummitiere teilt sie nun mit Julian.

Nun blickt Leo um sich: So viele bunte Mistkübel gibt es hier an der Uni. Sie sind alle nebeneinander an der Wand montiert. Leo überlegt, in welchen Kübel sie ihren Apfelbutzen werfen soll. Zu Hause gibt sie ihn immer in den Biomüll.

Am Gang steht auch ein großer Kaffeeautomat. Unglaublich, wie groß dieses Gerät ist. Finn und Li zählen die vielen Knöpfe auf dem Automaten: Es sind mehr als 30. In der Mitte ist der Platz, wo der Becher befüllt wird. Ein paar Studierende kommen und kaufen sich dort einen Kaffee. Leo beobachtet eine Frau, die mit ihrem eigenen Kaffeehäferl zu dem Automaten kommt. Sie stellt es auf den Platz in der Mitte, drückt auf die Knöpfe und hält ihre Bankomatkarte an das Gerät. Kurz darauf rinnt der Kaffee in ihr Häferl.

Frau Schmied erinnert die Kinder daran, viel zu trinken. Wer die Trinkflasche ausgetrunken hat, kann sie beim Trinkbrunnen mit Leitungswasser befüllen.

Was du nun tun kannst

- ✓ Bearbeite gemeinsam mit deinen Mitschülerinnen und Mitschülern die Karten zu dieser Geschichte. Deine Lehrerin / dein Lehrer kann dir dabei helfen.
- ✓ Frage mindestens drei Menschen: „Was ist dein Lieblingsgetränk zur Jause? Warum?"
- ✓ Leo isst in der Pause eine Käsesemmel. Was isst du am liebsten zur Jause?
- ✓ Butterbrot oder Wurstsemmel? Ein paar Kinder diskutieren über die jeweiligen Vor- und Nachteile. Was sagst du dazu?
- ✓ Kreativaufgabe: Müll zu trennen ist sinnvoll. Entwirf einen Spruch, um Menschen anzuspornen, Müll richtig zu trennen.

8. Viele Trinkflaschen

Nach der Pause rufen Sofia und Goran wieder alle Kinder in den Seminarraum. Dort geht der Workshop gleich weiter. Leo staunt nicht schlecht: Auf dem Tisch stehen lauter verschiedene, leere Flaschen.

Möchtest du wissen, wie die Kinder im Workshop weiterarbeiten? Dann lies hier weiter.

Sofia und Goran haben auch für den zweiten Teil des Workshops eine Fermi-Aufgabe vorbereitet. „Ganz schön knifflig", denken sich viele Kinder in Leos Klasse. Wie viele Kilogramm Plastik kann unsere Klasse in einem Monat einsparen, wenn alle Kinder eine wiederverwendbare Trinkflasche verwenden?

Wieder sollen die Kinder in kleinen Gruppen miteinander überlegen und rechnen. Leo arbeitet mit Julian und Sebastian in einer Gruppe. Die Kinder grübeln, wie viele Flaschen ein Kind pro Woche verwenden und wegwerfen würde. Ein Monat hat rund vier Wochen, in der Klasse sind 24 Kinder, das ergibt etwa … . „Aber ich habe doch schon immer die blaue Trinkflasche, die mein Vater in der Früh zu meiner Jause stellt. Bei mir würde sich nichts ändern", meint Sebastian. Da hat er recht, das macht die Sache natürlich noch komplizierter.

Später nehmen Leo, Julian und Sebastian eine der leeren
Flaschen und stellen sie auf die kleine Waage. „13,7 g" ist auf
dem Bildschirm zu lesen. Goran hilft ihnen weiter: Das bedeutet,
die Flasche wiegt rund 14 Gramm. Man nennt diese Flaschen
auch PET-Flaschen, aber damit kennt sich Leos Mama als
Chemikerin sicher besser aus.

Die Temperatur im Raum steigt langsam an. Vielleicht sollten sie
doch die Klimaanlage einschalten?

Gemeinsam mit Sofia und Goran überlegen die Kinder auch,
womit die Trinkflaschen befüllt werden könnten. Plötzlich springt
Matteo auf und sagt ganz laut: „Ich will aber kein Leitungswasser
trinken! Limonade schmeckt mir viel besser." Frau Schmied
schaut Matteo etwas irritiert über den Rand ihrer Lesebrille an.

Aber Sofia und Goran meinen, dass das ganz wichtig ist, was Matteo gesagt hat. Sie möchten nun mit allen Kindern darüber sprechen.

Was du nun tun kannst

- ✓ Bearbeite gemeinsam mit deinen Mitschülerinnen und Mitschülern die Karten zu dieser Geschichte. Deine Lehrerin / dein Lehrer kann dir dabei helfen.
- ✓ Frage mindestens drei Menschen: „Welche Trinkflasche verwendest du am liebsten? Warum?"
- ✓ Leo verwendet am liebsten ihre rote Trinkflasche. Welche Trinkflasche verwendest du gerne?
- ✓ Wasser oder Limonade? Ein paar Kinder diskutieren über die jeweiligen Vor- und Nachteile. Was sagst du dazu?
- ✓ Kreativaufgabe: Entwirf einen Trinkwasserbrunnen für einen Park.

9. Ab nach Hause

Wie schnell der Vormittag vergangen ist! Mittlerweile ist es schon
12:00 Uhr und der Workshop ist zu Ende. Am liebsten würde Leo
gleich morgen wieder an die Uni zu einem anderen Workshop
kommen. Aber für heute ist es genug. Warum? Es war ziemlich
anstrengend, eine Lösung für die Aufgaben zu finden. Außerdem
ist es im Raum jetzt auch schon ziemlich heiß geworden.

----

*Möchtest du wissen, wie die Kinder nach Hause kommen? Dann lies hier
weiter.*

Sofia und Goran begleiten die Kinder über die vielen Stufen und
Gänge wieder zum Ausgang. Nächstes Jahr kommen wir wieder,
sind sich Leo und Julian einig. Nun stehen die Kinder wieder vor
der Uni am Gehsteig. Wie heiß es hier draußen nun geworden ist!

Ein paar Kinder fahren nicht mit dem öffentlichen Bus zurück zur
Schule, sondern werden gleich bei der Uni von ihren Eltern
abgeholt. Finns Mama ist zu Fuß gekommen und schiebt den
Kinderwagen mit Noah, der erst elf Monate alt ist. Er ist so lustig
und lacht Leo immer an, wenn er sie sieht.

Der Vater von Li ist mit dem Auto gekommen. Es ist ein gelbes
Cabrio, mit dem Li in der Klasse immer angibt. Lis Vater bleibt
genau vor der Uni auf der stark befahrenen Straße stehen. Sofort

bildet sich hinter ihm ein Autostau und lautes Hupen ertönt. Li springt schnell in das Auto und sein Vater gibt Gas. Larissas Tante ist mit einem E-Auto gekommen. Leo erkennt das an den grünen Buchstaben und Ziffern auf dem Kennzeichen. Ayses Mama ist mit dem Fahrrad gekommen. Besonders gefällt Leo an dem Rad der Einkaufskorb mit den Blumen.

„Seltsam", denkt sich Leo, „warum sind so viele Autos in der Stadt unterwegs? Es gibt doch genügend andere Möglichkeiten, um sich in der Stadt zu bewegen."

Die übrigen Kinder der Klasse steigen mit Frau Schmied in den Bus 85A in Richtung Schule. Wie angenehm, diesmal funktioniert im Bus auch die Klimaanlage. Die Klimademo ist mittlerweile zu Ende, nur ein paar Menschen gehen noch mit ihren Schildern durch die Stadt. Am Nachmittag fahren Leo, ihr Bruder Max und ihre Mama gemeinsam ins Schwimmbad.

Was du nun tun kannst

- ✓ Bearbeite gemeinsam mit deinen Mitschülerinnen und Mitschülern die Karten zu dieser Geschichte. Deine Lehrerin / dein Lehrer kann dir dabei helfen.
- ✓ Frage mindestens drei Menschen: „Mit welchem Fahrrad fährst du am liebsten? Warum?"
- ✓ Leo und die anderen Kinder fahren mit dem Bus zur Uni und wieder zurück zur Schule. Wie kommst du zur Schule?
- ✓ Überlege, wie die Geschichte anders weitergehen könnte: Die Kinder kommen nach dem Workshop auf die Straße vor der Uni. Überall stehen Autos, es gibt kein Weiterkommen. Auch der Vater von Li steht mit seinem Cabrio im Stau, und es wird immer heißer.
- ✓ Kreativaufgabe: Zeichne ein nachhaltiges Fantasie-Verkehrsmittel. Achtung, es soll sich ohne Benzin oder Diesel fortbewegen können.

Alle Personen

Ayse, eine Mitschülerin von Leo

Bäuerin und Bauer Eder

Finn, ein Mitschüler von Leo

Frau Schmied, Leos Lehrerin

Julian, Leos Schulfreund

Larissa, eine Mitschülerin von Leo

Leo (eigentlich Leonie)

Leos Mama, eine Chemikerin

Leos Papa, ein Rettungs-Sanitäter

Li, ein Mitschüler von Leo

Matteo, ein Mitschüler von Leo

Max, Leos Bruder (eigentlich Maximilian)

Noah, Finns kleiner Bruder

Sebastian, Leos Schulfreund

Sepp, Leos Kater (nur Mama wollte ihn Brønsted taufen)

Sofia und Goran, die Workshop-Leiterin und der Workshop-Leiter

Tante Claudia, Mamas Schwester

Die Autorinnen und der Autor

Jennifer DACHAUER, BEd MEd – Doktorandin am Österreichischen Kompetenzzentrum für Didaktik der Chemie (AECC Chemie), Universität Wien; Mitverwendete Lehrerin an der PH Wien; AHS-Lehrerin für Chemie und Mathematik in Baden bei Wien.

Dr. Susanne JAKLIN-FARCHER – Projektmitarbeiterin am Österreichischen Kompetenzzentrum für Didaktik der Chemie (AECC Chemie), Universität Wien, über Mitverwendung an der PH Wien; Lehrerin für Chemie und Physik an der Bundesbildungsanstalt für Elementarpädagogik Oberwart; Arbeits- und Forschungsschwerpunkt: Naturwissenschaften mit Kindern.

Univ.-Prof. Dr. Anja LEMBENS – Professorin für Didaktik der Chemie; Leiterin des Österreichischen Kompetenzzentrums für Didaktik der Chemie (AECC Chemie), Universität Wien.

Dr. Christian NOSKO – Lehrender und Sprecher der Fachgruppe Naturwissenschaften an der Kirchlichen Pädagogischen Hochschule Wien/Niederösterreich; Projektmitarbeiter am Österreichischen Kompetenzzentrum für Didaktik der Chemie (AECC Chemie), Universität Wien; Arbeits- und Forschungsschwerpunkte: Naturwissenschaftlicher Sachunterricht in der Grundschule.

Mag. Katrin REITER – Projektmitarbeiterin am Österreichischen Kompetenzzentrum für Didaktik der Chemie (AECC Chemie), Universität Wien, über Mitverwendung an der PH Wien; AHS-Lehrerin für Chemie und Mathematik in Wien.

Bisher erschienen:

Nosko, C., Jaklin-Farcher, S., Reiter, K. & Lembens, A. (2020). Leo – Saures und Basisches in unserem Alltag. BoD Norderstedt. ISBN: 978-3-7504-2723-5